Male einen grünen Dinosaurier
mit einem langen Hals.

Male den Papagei bunt an:
orange, gelb, blau, grün und rot.

Male vier Enten auf einem See.
Sie schwimmen neben einem Boot.

Male eine schöne Prinzessin mit
langen Haaren und einer Krone.

1

Gefällt dir das?

	ja	nein
• an heißen Sommertagen Eis essen	○	○
• mit Handschuhen und Mütze schwimmen	○	○
• auf einem Fahrrad ohne Sattel fahren	○	○
• abends im Bett eine Geschichte hören	○	○
• zum Nachtisch Schokoladenpudding essen	○	○
• im Winter eine Schneeballschlacht machen	○	○
• allein in der Nacht bei Regen im Wald sein	○	○
• zu einer Geschichte ein Bild malen	○	○

Lies genau und male das richtige Bild aus.

Wozu hat das Känguru einen Beutel?

Jedes Känguru-Weibchen hat einen Beutel am Bauch.
In dem Beutel trägt das Känguru sein Baby, so lange bis das
Baby selbst hüpfen kann. Kängurus hüpfen viel. Deshalb haben
sie kurze Vorderbeine und lange kräftige Hinterbeine.

Wo trägt das Känguru
sein Baby?

Wie bewegt sich
das Känguru vorwärts?

Richtig oder falsch?

	richtig	falsch
Tee schneidet man mit dem Messer.	◯	◯
Vögel fressen gern schwarze Seife.	◯	◯
Im Zoo leben viele verschiedene Tiere.	◯	◯
Tomaten sind blau-gelb gestreift.	◯	◯
Im Sommer zieht man keine Stiefel an.	◯	◯
Ein Telefon kann laut klingeln.	◯	◯
Pferde sind größer als Ameisen.	◯	◯
Kinder dürfen Vollkornbrot essen.	◯	◯

Male ein kleines Eichhörnchen,
das einen braunen Tannenzapfen frisst.

Male ein Kind mit einem roten Pullover
und einer grünen Hose auf einem Fahrrad.

Male eine schöne gelbe Blume,
auf der ein bunter Schmetterling sitzt.

Male einen grau-weißen Delfin,
der hoch aus dem blauen Wasser springt.

1	Regen kommt aus den		
2	Igel schlafen im Winter unter einem		
3	Katzen jagen gern Vögel und		
4	Vögel legen ihre Eier in ein		
5	Im Meer schwimmen sehr viele		
6	Im Sommer essen Kinder gern		
7	Eichhörnchen fressen gern		
8	Gegen kalte Ohren hilft eine		

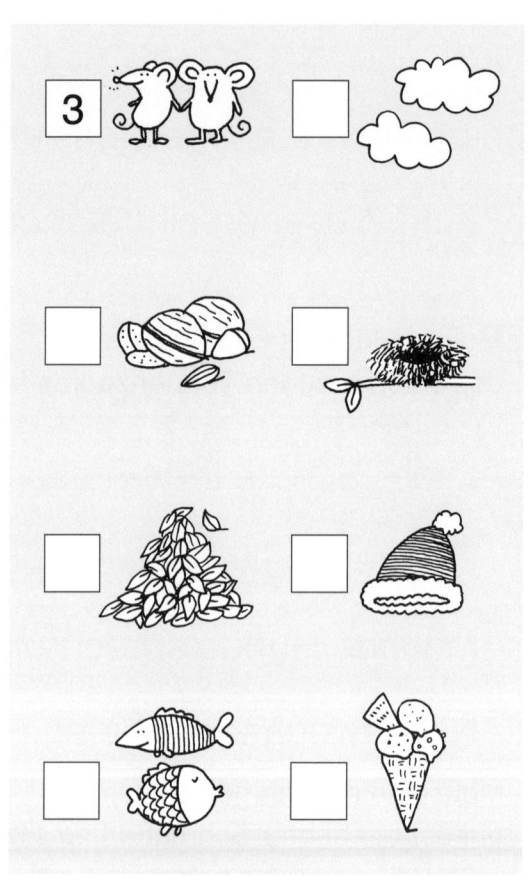

6

Richtig oder falsch?

	richtig	falsch
Tische haben meistens vier Beine.	◯	◯
Zum Waschen nimmt man heißen Kaffee.	◯	◯
Die meisten Kinder schlafen in der Schule.	◯	◯
An einem Kirschbaum wachsen Zitronen.	◯	◯
In der Schule lernen alle Kinder Auto fahren.	◯	◯
Flugzeuge fliegen sehr hoch am Himmel.	◯	◯
Manche Hunde sprechen französisch.	◯	◯
Nur Erwachsene dürfen Fußball spielen.	◯	◯

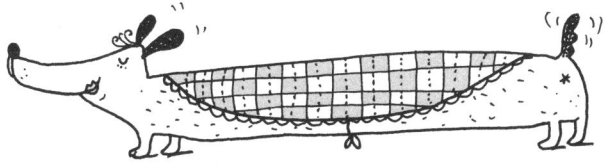

Oh, Lala!

Wenn man Fieber hat,

○ muss man sich bei einem Arzt beschweren.

○ muss man zu einem Arzt gehen.

Wenn es sehr stark regnet,

○ braucht man Sandalen und Sonnenbrille.

○ braucht man Regenschirm und Regenjacke.

Wenn das Auto kaputt ist,

○ muss man in die Werkstatt fahren.

○ muss man eine Werkstatt kaufen.

Male einen gelb-blau gestreiften Teller mit zwei Bananen und einer Kokosnuss.

Male graue Wolken am Himmel. Aus einer Wolke fallen Schneeflocken.

Male eine Schlange mit einem grün-braunen Muster auf dem Rücken.

Male einen Mann. Er trägt einen rot-blau gestreiften Pullover und eine braune Hose.

Lies genau und male das richtige Bild aus.

Was braucht ein Hund?

Hunde brauchen viel Platz. Man muss jeden Tag mit ihnen
an die frische Luft gehen. Hunde wollen viel rennen und spielen.
Sie brauchen täglich frisches Futter und viel Wasser.
Wenn ein Hund krank ist, muss man mit ihm zum Tierarzt gehen.

Was brauchen Hunde
jeden Tag?

Was machen
Hunde gern?

10

Richtig oder falsch?

	richtig	falsch
An einer Hose sind meistens Hosentaschen.	◯	◯
Die Kinder von einer Kuh nennt man Küken.	◯	◯
In einem Buch kann man lesen.	◯	◯
Im Sommer sollte man Handschuhe tragen.	◯	◯
Die Tinte für den Füller ist in einer Tintenpatrone.	◯	◯
Die Lehrerinnen sind in der Pause im Lehrerzimmer.	◯	◯
Zum Autofahren braucht man einen Führerschein.	◯	◯
Tischtennis spielt man mit den Füßen.	◯	◯

Male einen Spielplatz mit einer Rutsche, einer Schaukel und zwei Kindern.

Male eine Lehrerin mit schwarzen Haaren und einer roten Brille auf der Nase.

Male einen Mond, sieben Sterne und zwei Wolken am Nachthimmel.

Male fünf Autos auf einem Parkplatz. Sie haben alle verschiedene Farben.

Elefanten sind groß und ———————— | grau | .

Apfelkerne sind glatt und | gelb | .

Die Schale der Banane ist dick und | blau | .

Bei schönem Wetter ist der Himmel | braun | .

Der Kran auf einer Baustelle ist sehr | schnell | .

Ein Blatt Papier ist ganz | kalt | .

Pferde rennen meistens sehr | hoch | .

Ein Schneemann ist immer | dünn | .

Lies genau und male das richtige Bild aus.

Was machen Marienkäfer den ganzen Tag?
Marienkäfer fressen den ganzen Tag. Sie fressen am liebsten
Blattläuse, bis zu 50 Stück pro Tag. Marienkäfer haben Feinde:
Vögel, Ameisen und Spinnen. Marienkäfer sind rot oder gelb.
Sie haben schwarze Punkte auf dem Rücken.

Was fressen
Marienkäfer gern?

Welche Feinde
haben Marienkäfer?

Streiche das falsche Wort durch.

Marienkäfer haben schwarze Punkte auf den ~~Füßen~~ Rücken .

Sie sind meistens rot oder grün gelb .

Am liebsten fressen sie Blattmäuse Blattläuse .

Sie fressen bis zu 50 500 Blattläuse an einem Tag.

Marienkäfer haben auch viele volle Feinde.

Dazu gehören zum Beispiel die Fische Ameisen .

Aber die Marienkäfer können sie vertragen verjagen .

Richtig oder falsch?

	richtig	falsch
Hefte und Stifte kauft man beim Bäcker.	○	○
In der Schule hat jedes Kind einen Ball.	○	○
Eine Sonnenbrille schützt die Augen.	○	○
Im Sommer schwimmen alle Kinder gern.	○	○
Schreibschrift ist ziemlich schwer zu lernen.	○	○
Manche Familien haben zwanzig Kinder.	○	○
In anderen Ländern gibt es anderes Essen.	○	○
Schuhe klebt man mit Kaugummi zu.	○	○

Im Auto

○ muss man sich immer gut anschnallen.

○ muss man sich immer gut abschnallen.

In der Schule

○ soll man sich immer fleißig melden.

○ soll man sich nicht fleißig melden.

Auf dem Schulhof

○ dürfen die Kinder schielen und pennen.

○ dürfen die Kinder spielen und rennen.

Gefällt dir das?

	ja	nein
• im Zoo die lustigen Affen beobachten	○	○
• bei Regen mit Gummistiefeln spielen	○	○
• mit dem Flugzeug in den Urlaub fliegen	○	○
• jeden Morgen kalten Reis zum Frühstück essen	○	○
• im Sommer draußen ohne Schuhe laufen	○	○
• am Computer spielen und schreiben	○	○
• abends ganz alleine in der Wohnung sein	○	○
• auch am Wochenende in die Schule gehen	○	○

Male dem Zauberer einen Zauberstab.
Damit zaubert er fünf Blumen.

Male dem Pferd eine Wiese.
Es frisst frisches grünes Gras.

Male eine Wäscheleine mit fünf Hosen.
Unten steht noch ein Korb mit Wäsche.

Male einen Vogelkäfig. Drinnen sitzen
zwei gelbe Vögel auf einer Stange.

Lies genau und male das richtige Bild aus.

Schildkröten

Es gibt viele verschiedene Schildkrötenarten. Sie leben fast überall auf der Welt. Einige Arten können über 100 Jahre alt werden. Viele Schildkröten fressen Blätter und Gras, andere mögen Schnecken und Würmer. Alle Schildkröten legen Eier.

Was fressen viele Schildkröten gern?

  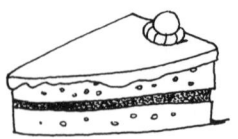

Wie kommen die kleinen Schildkröten auf die Welt?

Streiche das falsche Wort durch.

Manche Schildkröten ~~kleben~~ leben im Wasser.

Andere leben auf dem Band Land .

Einige Schildkröten können sehr kalt alt werden.

Alle Schildkröten haben einen Panzer Pinsel .

Darin sind Löcher für die Arme und Schweine Beine .

Schildkröten können kommen sehr gut sehen.

Alle Schildkrötenarten legen Eimer Eier .

Daraus schlüpfen hüpfen die Baby-Schildkröten.

Wenn man etwas kochen will,

○ braucht man Wasser und einen Zopf.

○ braucht man Wasser und einen Topf.

Wenn man ein Bild malen will,

○ braucht man Stifte und Papier.

○ braucht man Stifte und Klavier.

Wenn man in die Schule gehen will,

○ muss man keinen Schulranzen mitnehmen.

○ muss man seinen Schulranzen mitnehmen.

Richtig oder falsch?

	richtig	falsch
Erdbeeren schmecken am besten mit Salz.	◯	◯
Katzen haben immer ein Glöckchen am Hals.	◯	◯
Schokolade wird aus Schnee gemacht.	◯	◯
In der Schule ist das Singen verboten.	◯	◯
Vom Schreiben bekommt man Fieber.	◯	◯
Kinder werden ohne Zähne geboren.	◯	◯
In der Schule gibt es Tische und Stühle.	◯	◯
Manche Kinder schreiben mit der linken Hand.	◯	◯

 +   =

Hunde wollen gern schnell | lesen .

In der Musikstunde wollen wir | rennen .

In der Bücherei kann man Bücher | fahren .

Autos sollten auf der Straße | singen .

Maulwürfe können fast nichts | essen .

Suppe muss man mit einem Löffel | waschen .

Vor dem Essen soll man die Hände | spielen .

In der Pause wollen die Kinder draußen | sehen .

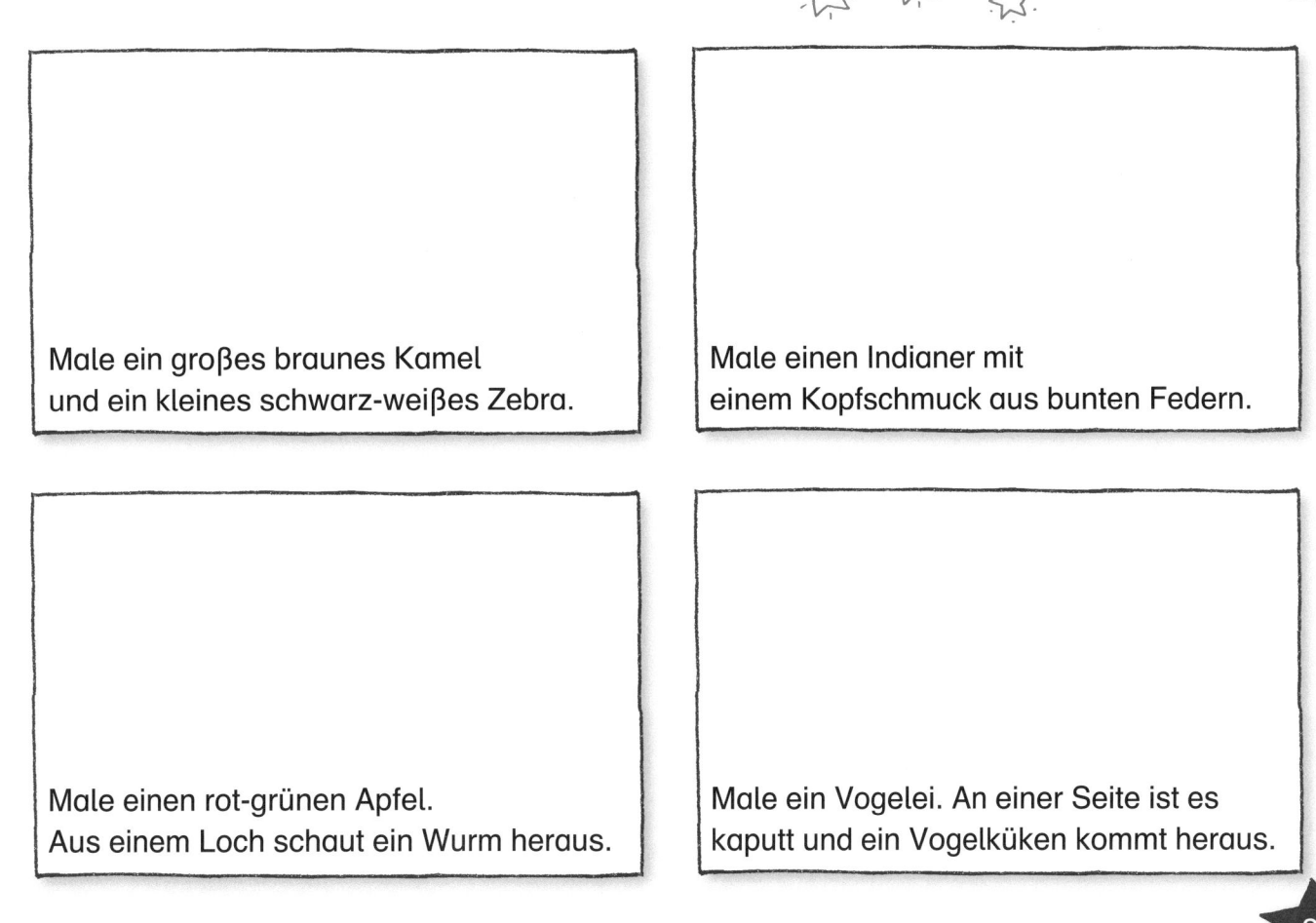

Male ein großes braunes Kamel
und ein kleines schwarz-weißes Zebra.

Male einen Indianer mit
einem Kopfschmuck aus bunten Federn.

Male einen rot-grünen Apfel.
Aus einem Loch schaut ein Wurm heraus.

Male ein Vogelei. An einer Seite ist es
kaputt und ein Vogelküken kommt heraus.

Lies genau und male das richtige Bild aus.

Eisbären

Eisbären leben am Nordpol. Dort gibt es viel Schnee und Eis.
Das Fell der Eisbären ist weiß, damit sie sich auf dem Eis
und im Schnee besser verstecken können. Eisbären fressen am
liebsten Robben und Fische. Sie können sehr gut schwimmen.

Was fressen
Eisbären gern?

  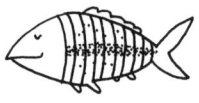

Was können
Eisbären sehr gut?

Streiche das falsche Wort durch.

Eisbären leben gern in der | Kälte | ~~Wärme~~ .

Ihr dickes Fell | schwitzt | schützt | sie vor der Kälte.

Sie haben immer ein | weißes | heißes | Fell.

Eisbären können gut | schreiben | schwimmen | .

Sie laufen manchmal weite | Strecken | Stecken | .

Aber am liebsten sind sie im | Wasser | Feuer | .

Eisbären bekommen meistens zwei | Zunge | Junge | .

Die Kleinen bleiben zwei | Jahre | Jacken | bei der Mutter.

In der Schule

○ sitzen die Kinder in der Klasse und schreien.

○ sitzen die Kinder in der Klasse und schreiben.

Im Supermarkt

○ muss man an der Kasse zahlen.

○ muss man in der Klasse zahlen.

In der Bücherei

○ kann man sich viele schöne Tücher ausleihen.

○ kann man sich viele schöne Bücher ausleihen.

1 Auf einer Pizza ist manchmal

2 Zum Basteln braucht man Schere und

3 Manche Hunde schlafen in einer

4 Suppe isst man mit einem

5 Bei Regen braucht man einen

6 Brot schneidet man mit einem

7 Zum Zähneputzen braucht man eine

8 Auf dem Parkplatz parkt ein

8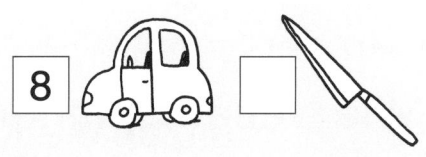

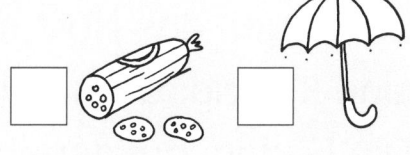

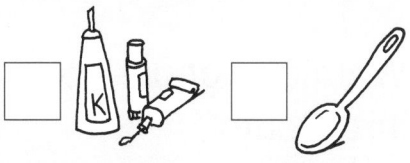

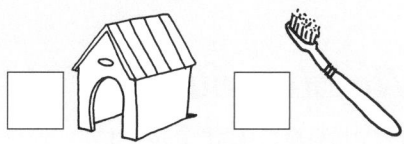

Lies genau und male das richtige Bild aus.

Wie weben Spinnen ihre Netze?

Die meisten Spinnen bauen ein Netz, um ihre Beute zu fangen.
Sie bauen das Netz mit verschiedenen Fäden. Manche Fäden
sind klebrig. Daran bleibt die Beute hängen.
Die Fäden, auf denen die Spinne läuft, sind nicht klebrig.

Womit fängt die Spinne
ihre Beute?

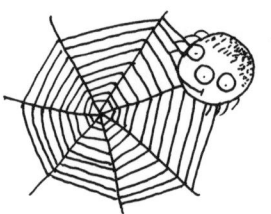  

Woraus bauen
Spinnen ihr Netz?

Streiche das falsche Wort durch.

Viele Spinnenarten fangen ihre Beute ~~Leute~~ in einem Netz.

Ein Spinnennetz besteht aus ganz dünnen Fäden Fellen .

Die Spinne kann verschiedene Fäden machen lachen .

Nur eine meine Sorte Fäden ist klebrig.

Die Spinne fängt mit den trockenen Fäden Läden an.

Auf denen kann sie selbst schlecht gut laufen.

Danach webt wirbelt sie die klebrigen Fäden dazwischen.

An denen bleibt die Beute kleben leben .

Richtig oder falsch?

	richtig	falsch
Kleine Kinder dürfen nicht mit Autos spielen.	○	○
Im Wald leben Riesen und Zwerge.	○	○
Tische und Stühle gibt es in jedem Haus.	○	○
Eine Ameise ist schneller als eine Schnecke.	○	○
Jedes Auto muss gute Bremsen haben.	○	○
Fahrradfahren ist für Kinder verboten.	○	○
Mit Gummibärchen schreibt man am besten.	○	○
Ich kann jetzt gut lesen.	○	○